ELIZETE LISBOA

A BRUXA
mais velha do mundo

ILUSTRAÇÕES DE
JOSÉ CARLOS ARAGÃO

CB022558

Paulinas

Dados Internacionais de Catalogação na Publicação (CIP)
(Câmara Brasileira do Livro, SP, Brasil)

Lisboa, Elizete
    A bruxa mais velha do mundo / Elizete Lisboa ; ilustrações José Carlos Aragão. — 5. ed. — São Paulo : Paulinas, 2014. — (Coleção fazendo a diferença. Série roda-pião)

    ISBN 978-85-356-3761-8

    1. Literatura infantojuvenil I. Aragão, José Carlos. II. Título. III. Série.

14-03561
                                        CDD-028.5

Índices para catálogo sistemático:

1. Literatura infantil   028.5
2. Literatura infantojuvenil   028.5

5ª edição – 2014
2ª reimpressão – 2023

Direção-geral: Flávia Reginatto
Editora responsável: Maria Alexandre de Oliveira
Assistente de edição: Rosane Aparecida da Silva
Copidesque: Mônica Elaine G. S. da Costa
Coordenação de revisão: Andréia Schweitzer
Revisão: Marina Mendonça
Direção de arte: Irma Cipriani
Gerente de produção: Felício Calegaro Neto
Produção de arte: Jéssica Diniz Souza

Nenhuma parte desta obra pode ser reproduzida ou transmitida por qualquer forma e/ou quaisquer meios (eletrônico ou mecânico, incluindo fotocópia e gravação) ou arquivada em qualquer sistema ou banco de dados sem permissão escrita da Editora. Direitos reservados.

Cadastre-se e receba nossas informações
www.paulinas.com.br
Telemarketing e SAC: 0800-7010081

Paulinas
Rua Dona Inácia Uchoa, 62
04110-020 – São Paulo – SP (Brasil)
☏ (11) 2125-3500
✉ editora@paulinas.com.br
© Pia Sociedade Filhas de São Paulo – São Paulo, 2014

Para Antonieta.
E também para Iracema,
Maria Helena, Maristela.
Minhas professoras.
Elas são fadas que andam por aí,
acendendo estrelas, mostrando caminhos.

Longe daqui,

5

num alto de serra, mora
a bruxa mais velha do mundo.

Essa bruxa, que já fez pra lá
de mil aniversários, gosta tanto de brincar...

⠿⠿⠿

⠿⠿ ⠿⠿ ⠿⠿⠿ ⠿⠿ ⠿⠿⠿ ⠿⠿ ⠿⠿
⠿ ⠿⠿⠿ ⠿⠿⠿ ⠿⠿ ⠿⠿ ⠿⠿⠿ ⠿⠿
⠿ ⠿⠿ ⠿⠿ ⠿⠿⠿ ⠿⠿ ⠿⠿ ⠿⠿

8

Ela brinca com as águas do rio,
com os bem-te-vis, com o tamanduá.

Brinca com a jaguatirica
que mora na mata.

Brinca também de se balançar
na rede pra ver a lua chegar.

De noite, lagartixa, vaga-lume e mais alguns
bichos pequenos dormem sobre o baú de guardar sonhos.
Bem ao lado da cama da bruxa.

A coruja não dorme. Está sempre toda acesa.
E espia tudo que a bruxa faz.

A bruxa ronca tão alto!
Dá risada, dormindo.

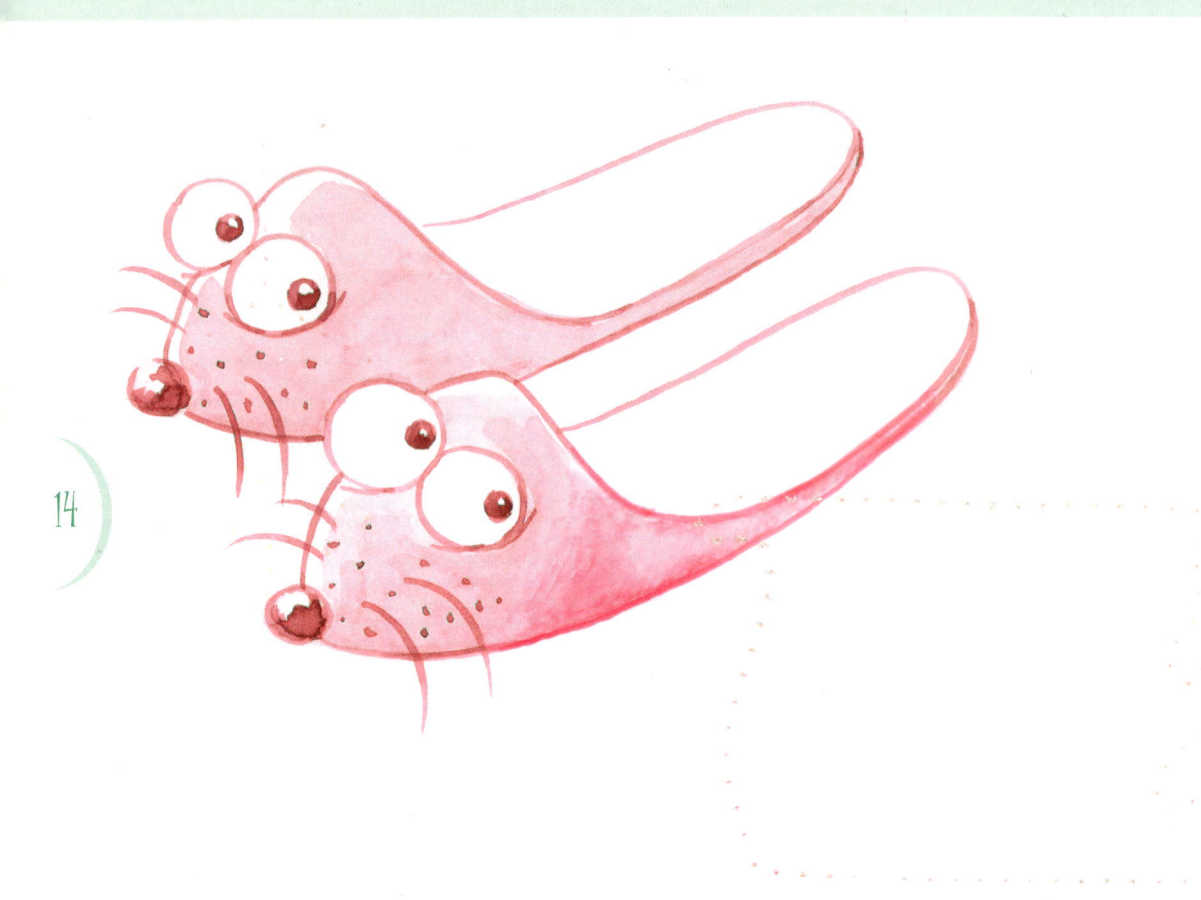

14

Ih! Usa penico de madrugada.

De vez em quando, no meio da noite,
a bruxa perde o sono.

Ela vem pra porta da cabana.
Senta-se no chão. E desanda a cantar.
Uma serenata: "Dum-dum, lalalá, ui-ui-ui".

Música – mágica. Os bichos vão chegando, devagarinho, pra deitar no colo, pra escutar. Sereno, serenata: "Dum-dum, lalalá, ui-ui-ui".

Para a bruxa, tudo é brinquedo:
a viola, o sono que foi embora,
todos os bichos, a noite, a mata. O luar.

Ah, agora a bruxa mais velha do mundo está rindo.
Ela está contando que vai viver um sonho grande:
vai se casar no ano que vem.

Será? E com quem será?!
Na frente da casa, há um aviso.

URGENTE

PROCURO UM MARIDO.
QUE GOSTE DE CANTAR.
QUE SEJA BEM VELHO.
E BEM FEIO!!!

22

Rá-rá-rá. Lá na mata, uma velha bruxa,
noiva ainda sem noivo, todinha se enfeita.
Cata mariposas e põe no chapéu.

Ao programa
Casamento na TV
Nesta

PAR AVION

Escreve cartas de amor para o vento levar.
E há mais serenatas: "Dum-dum, lalalá, ui-ui-ui,
au-au-au, mu-mu-mu, quaquaquá".

24

O tempo. Só o tempo um dia vai saber
contar se essa velha bruxa está brincando
ou se vai mesmo se casar.